+ de 160 nouvelles phrases pour s'amuser à bien

AR-TI-CU-LER

Laurent Gaulet

+ de 160 nouvelles phrases pour s'amuser à bien

AR-TI-CU-LER

Tutti la tortue

FIRST
Editions

ISBN 2-75400-073-9
Dépôt légal : 2e trimestre 2005
Imprimé en Italie
Création graphique : Kumquat
Dessin de couverture : Kum Kum Noodles / Costume 3 pièces

Cet ouvrage est proposé par e-novamedia

Nous nous efforçons de publier des ouvrages qui correspondent à vos attentes et votre satisfaction est pour nous une priorité. Alors, n'hésitez pas à nous faire part de vos commentaires :

Éditions Générales First
27, rue Cassette
75006 Paris – France
Tél. : 01 45 49 60 00
Fax : 01 45 49 60 01
e-mail : firstinfo@efirst.com

En avant-première, nos prochaines parutions, des résumés de tous les ouvrages du catalogue. Dialoguez en toute liberté avec nos auteurs et nos éditeurs. Tout cela et bien plus sur Internet à : www.efirst.com

À quatre pattes, Agathe attaque à Pâques.

(répéter dix fois)

[AC] [ATE] [AL]

Lundi : pâté, patates et pâtes :

Mardi : pâtes, pâté et patates :

Mercredi : patates, pâtes et pâté :

Jeudi : pâté, pâtes et patates :

Vendredi : pâtes, patates et pâté :

Samedi : patates, pâté et pâtes :

Dimanche... un grand verre d'eau !

(retenir et répéter)

[AC] [ATE] [AL]

La cavale aux
Valaques avala
l'eau du lac
et l'eau du lac
lava la cavale
aux Valaques.

(réciter le plus vite possible)

[ACHE] [AGE] [ASSE] [ASE]

Achille
le chien fou
de l'asile,
est plus agile
assis
que debout.

(réciter le plus vite possible)

[AME] [ALE]

Le mâle
malgache
fait mal
l'amalgame,
ça gâche
la gamme.

(répéter dix fois)

[ANCHE] [ANTE]

Si trente tranches te tentent, tranches en trente.

(répéter dix fois)

[APSE] [APE] [ULPE] [ULSE]

- Petite capsule,
quand te décapsuleras-tu
et quand te
déculpabiliseras-tu ?
- Je me décapsulerai
et me déculpabiliserai
quand le décapsuleur
décapsulera et
déculpabilisera toutes
les autres
petites capsules !

(retenir et répéter)

[APSE] [APE] [ULPE] [ULSE]

Quand me
déculpabiliserai-je ?
Quand te
déculpabiliseras-tu ?
Etc.

(conjuguer)

[APSE] [APE] [ULPE] [ULSE]

La pulpeuse pulse la pulpe !

(répéter dix fois)

[BA] [BE] [BI] [BO] [BU]

Beau barbu
boit bibine.
Bibine bue,
beau barbu
boîte.

(répéter dix fois)

[BAB] [BOB] [BEL]

Beau

Bob

boude

belle

Babette.

(répéter dix fois)

[BA] [GUE] [DI]

Baguedibofu,
beguidobufa,
bigodubafe,
bogudabefi,
bugadebifo.

(réciter le plus vite possible)

[BOI] [CROI] [BLOI]

Quand
je bois,
je crois,
je vois la croix
de bois
de Blois.

(répéter dix fois)

[CHA] [CHE]

Chaux et
chaume
chauffent
chaudes
chaumières.

(répéter dix fois)

[CHIC] [CHOC]

À Chicago,
rien qu'un chicot
choque et fait chicaner.
Mais sans chiqué,
un chicot qui chique
du gigot aux chicons
c'est chic et sans chichi.
Seulement si
c'est Chirac,
c'est choc !

(retenir et répéter)

[COR] [COOR]

Coopérer !
Accordez-vous
et coordonnez
les cordonniers !

(répéter dix fois)

[DA] [DE] [DI] [DU]

Le dodu
dandy
dîne,
Dédé
le dindon
dandine.

(répéter dix fois)

[DISSI] [SIMI] [MILI]

Décimer six mille mulets et dissimuler six mille mules.

(répéter dix fois)

[DO] [RE] [MI] [FA]

Do ré mi fa
sol la si do.
Rémi l'adoré
mit la sole
facile à dorer.

(réciter le plus vite possible)

[ECHE] [ESTE] [ESSE]

La pêche
rêche reste,
la pécheresse
peste.

(répéter dix fois)

[ECHE] [ICHE] [OCHE] [UCHE]

Rejette
miches
rêches
et rachète
fraîches
quiches !

(répéter dix fois)

[ECHE] [ICHE] [OCHE] [UCHE]

Il triche !
Les friches
de la riche
niche sont
chères !

(répéter dix fois)

[ECHE] [ICHE] [OCHE] [UCHE]

Sous
la bûche,
la ruche niche.
Sous
la souche,
niche la ruche.

(répéter dix fois)

[ECHE] [ICHE] [OCHE] [UCHE]

Le mioche
pêche
la belle
pioche molle
et bêche.

(répéter dix fois)

[ESC] [EXQ] [EXT] [EXP]

Esquisse l'exquise bise qui se brise.

(répéter dix fois)

[ESC] [EXQ] [EXT] [EXP]

Extirpe-toi !
Cette escalade
d'explications
m'exaspère !

(répéter dix fois)

[ESSE] [EC] [ESC]

- Est-ce que cinq steaks de tics sont en stock ?
- Qu'est-ce que ce stock de cinq steaks de tics ?

(retenir et répéter)

[ESSE] [EC] [ESC]

Ces Basques
se masquent
et se casquent
mais ces
masques et
ces casques
se cassent.

(répéter dix fois)

[ESSE] [ESE] [EX] [EXC]

Ne te désiste pas, excite-toi ! Cesse d'hésiter, existe !

(répéter dix fois)

[ESSE] [ESE] [EX] [EXC]

Quel désastre ! L'axe du taxi se désaxe !

(répéter dix fois)

[ESSE] [ESE] [EX] [EXC]

Sise face
à l'exquise
esquisse,
Anastasie
s'extasie.

(répéter dix fois)

[ESTE] [ESSE] [ETE]

Laisse ces restes, leste Céleste !

(réciter le plus vite possible)

[EX] [EC] [IC] [IX]

Le hic, c'est
que le lexique
de l'ex-dyslexique
dit :
« laisse les X ! »

(réciter le plus vite possible)

[EX] [EC] [IC] [IX]

« Supercalifragilisticexpialidocious ! »

Mary Poppins

(réciter le plus vite possible)

[EX] [SE] [ESSE]

Ces exacerbations m'exaspèrent.

(réciter le plus vite possible)

[EX] [SE] [ESSE]

Un mystique mexicain masqué mastique.

(répéter dix fois)

[EX] [SE] [ESSE]

Ce moustique mastoc m'excite.

(répéter dix fois)

[FA] [FE] [FI] [FO] [FU]

Des fées
défont des
fils, les filets
défilent, les
fées effilent.

(réciter le plus vite possible)

[FA] [FE] [FI] [FO] [FU]

Les faits :
l'effet des feux
follets défait
l'effet fou
des deux
fées folles.

(réciter le plus vite possible)

[FA] [FRE] [FI] [FRO] [FU]

Confits
frais
et fruits
frits.

(répéter dix fois)

[FA] [FRE] [FI] [FRO] [FU]

Formons
la confrérie
des fruits frais
qu'on fit
frire confits !

(répéter dix fois)

[FA] [FRE] [FI] [FRO] [FU]

Mes frères, vous
m'offrez cette effraie...
Mes frères et l'effraie,
m'effraierez-vous, moi,
Geoffroy ? Mais oui !
L'effraie me fait frais !
Il m'effraie, mes frères...
Quel effroi !

(retenir et répéter)

[FA] [FRE] [FI] [FRO] [FU]

Trois foies d'oie froids frais.

(répéter dix fois)

[FA] [FRE] [FI] [FRO] [FU]

Je crois que je
vois trois fois
trois foies d'oie.
Tu crois que tu
vois trois fois
trois foies d'oie.
Il croit qu'il...

(réciter)

[FA] [FRE] [FI] [FRO] [FU]

Trois fois
trois foies
d'oie font
neuf foies
d'oie.

(réciter le plus vite possible)

[FA] [SE] [CHE]

La fausse
fourche
fauche,
la fausse
faucheuse
fourche.

(répéter dix fois)

[FE] [VE] [EFFE] [EVE]

Un fou vint
et fit vingt forfaits.
Ses vingt forfaits
faits, le veule fou
vit le fauve veilleur
feuler. Effrayé,
le fou s'enfuit
à la va-vite.

(retenir et répéter)

[FE] [VE] [EFFE] [EVE]

Le père fort perd verres verts et le pervers perfore fer.

(répéter dix fois)

[FE] [VE] [EFFE] [EVE]

Le vif ver filait
vite sur un fil
de fer vert.
Le vert fil de fer
vit filer le vilain
ver de terre.

(réciter le plus vite possible)

[GOU] [GLOU]

Les goulus
de glace
gaussent,
les gloutons
de gousses
gloussent.

(répéter dix fois)

[GRA] [GRI] [GRO]

Trois gros rats gris rient gras.

(répéter dix fois)

[GRA] [GRI] [GRO]

Gros gras grand
grain d'orge, quand
te dé-gros-gras-grand
-grain-d'orgeriseras-tu ?
Je me dé-gros-gras-grand
-grain-d'orgeriserai
quand tous les gros gras
grands grains d'orge se
dé-gros-gras-grand-grain
-d'orgeriseront.

(retenir et répéter)

[HUI] [NI] [NUI]

Ces huit Inuits nuisent. La nuit, cuit huit Inuits.

(répéter dix fois)

[HUR] [HUL]

L'hurluberlu
à la hure
hurle.

(répéter dix fois)

[IC] [ICHE] [KI] [ITCHE] [IP]

Ricky est riche. Ritch et Eric sont pauvres.

(répéter dix fois)

[IC] [ICHE] [KI] [ITCHE] [IP]

Qui cache quiches, cakes, miches et kiwis ?

(répéter dix fois)

[IC] [ICHE] [KI] [ITCHE] [IP]

Cherche sous chaque sac sale et dans chaque sac sec.

(répéter dix fois)

[IC] [ICHE] [KI] [ITCHE] [IP]

Un chèque kitsch tchèque choque.

(répéter dix fois)

[ISSE] [ISE]

Sur l'église,
la réglisse
grise et lisse
d'Élise glisse.

(répéter dix fois)

[JU] [SE] [CHE] [JE] [SU] [CHU]

J'eus jugé
juste si
j'eus su !
Dit Jésus.

(répéter dix fois)

[JU] [SE] [CHE] [JE] [SU] [CHU]

Le jus
chut
dessus,
déçu,
je suis.

(répéter dix fois)

[KA] [KE] [KI] [KO] [KU]

- Qui quitte qui ?
- C'est Kiki
la cocotte
qu'a coq Coco
qui quête,
qu'elle quitte.

(réciter le plus vite possible)

[KA] [KE] [KI] [KO] [KU]

Qui attaque
qui ?
À quoi
s'attaque qui ?
Qui s'attaque
à quoi ?

(réciter le plus vite possible)

[KA] [KE] [KI] [KO] [KU]

- Hé, coco ! Qu'est-ce
que ça cocote !
Qui cuit ?
- Finit cui-cui et
cot-cot-cot !
Kiki la cocotte...
Couic ! À la cocotte !
C'est Kiki qui cuit !

(retenir et répéter)

[KA] [KRA]

Quatre coqs croquent quatre craquantes coquilles.

(répéter dix fois)

[KOU] [TON] [FU]

Madame
Coutufon
de Foncoutu
ou Madame
Foncontu
de Coutufon ?

(réciter le plus vite possible)

[LA] [LE] [LI] [LO] [LU]

Émile lit, Émilie lime.

(répéter dix fois)

[LA] [LE] [LI] [LO] [LU]

Le loup lippu lut l'Oulipo.

(répéter dix fois)

[MEL] [MUL] [MIR] [MUR]

Mille
myrtilles
mûres
mêlées
à mille
mûres.

(répéter dix fois)

[NA] [NE] [NI] [NO] [NU]

L'ânon de la nonne
Anne né, l'ânon nie
en ânonnant :
« Ah non ! Anne
est un nom,
Anne est une nonne.
Mais non, « âne »
n'est ni nonne
ni un nom. »

(retenir et répéter)

[O] [AU] [Ô]

Sous le saule, la sole saute.

(répéter dix fois)

[O] [AU] [Ô]

Un orle
d'or orne
l'énorme
orme.

(répéter dix fois)

[O] [AU] [Ô]

Sur leur
trône,
morne
Laure
du Rhône
prône.

(répéter dix fois)

[OBE] [OBTE]

Si l'intrus
obture
l'obtus obus,
l'intrus obture
l'obus obtus.

(retenir et répéter)

[OC] [IC]

Troque
ton tutu toc
contre
sa toque
tronquée.

(répéter dix fois)

[OC] [IC]

Le tic
pique,
c'est
anecdotique.

(répéter dix fois)

Le chic
type chique
et pique
le tipi chic.

(répéter dix fois)

[Ô] [ON] [AN] [IN]

Ton pote porte ton pot au ponton.

(répéter dix fois)

[Ô] [ON] [AN] [IN]

Bon... Sentons ton
santon s'il sent bon.
Bon sang ! Ton santon
sentant son thon,
sentons donc son
santon s'il sent
ton thon !

(retenir et répéter)

[Ô] [ON] [AN] [IN]

Quand
nous rongeons
vingt harengs,
on mange
onze anchois.

(répéter dix fois)

[Ô] [ON] [AN] [IN]

Rogne
et ronge
ton gros
croûton
rond !

(répéter dix fois)

[Ô] [ON] [AN] [IN]

Qu'entend-on dans ton gant ?

(répéter dix fois)

[OTE] [ATE] [OC] [EC]

Tu dotes ta doc., d'une anecdote qui date.

(répéter dix fois)

[OU] [OUR] [ROU] [OUL]

Tout ours roux tousse.

(réciter le plus vite possible)

[OU] [OUR] [ROU] [OUL]

Sur l'eau,
quand le coucou
au court cou
court,
le coucou au
court cou coule.

(répéter dix fois)

[OUSSE] [OUCHE] [OUSE]

Douze
toussent,
tous
touchent,
tout
se douche.

(répéter dix fois)

[OUSSE] [OUCHE] [OUSE]

La mouche rousse touche la mousse, et la mouche tousse.

(répéter dix fois)

[PA] [PE] [PI] [PO] [PU]

Le pape Pie
put papoter
du papi
du pote
à papa.

(réciter le plus vite possible)

[PA] [PE] [PI] [PO] [PU]

Le pape
épie la pie,
la pie pond,
Pépé paie
la pipe,
papi pipe.

(répéter dix fois)

[PA] [PE] [PI] [PO] [PU]

Pépé paie
peu l'épais
pompon
du pimpant
pompier.

(réciter le plus vite possible)

[PLA] [PE] [PEL]

T'en peux
plus ?
Te plains pas,
les plates
pattes
plaisent.

(répéter dix fois)

[PLA] [PE] [PEL]

La pelle
pèse,
la belle
plisse.

(répéter dix fois)

[RA] [RE] [RI] [RO] [RU]

Tu es
dans l'embarras
car dans
le débarras
tes bas
t'embarrassent.

(réciter le plus vite possible)

[RA] [RE] [RI] [RO] [RU]

Dans le riz,
un rat ridé raille,
une raie raide rit,
un rat et une raie
déraillent.

(retenir et répéter)

[RA] [RE] [RI] [RO] [RU]

Est-ce que le rat
a la rate raide
et la raie
les arêtes rondes
ou bien le rat
la rate ronde
et la raie
les arêtes raides ?

(retenir et répéter)

[RA] [RE] [RI] [RO] [RU]

Un original
qui ne se
désoriginaliserait
pas ne se
désoriginalisera
jamais.

(réciter le plus vite possible)

[RA] [RE] [RI] [RO] [RU]

Tarata !
Le rat tâta,
touilla
et rata toute
ta ratatouille.

(répéter dix fois)

[RAT] [BAT] [RAB] [BAR] [RAD]

Râteaux,
raboter,
bottes,
rapporter,
bateaux,
radoter,
barreaux.

(retenir et répéter)

[RAT] [BAT] [RAB]
[BAR] [RAD]

Un rat d'eau botté radote sur un radeau raboté.

(répéter dix fois)

[SA] [CHE] [SI]
[CHA] [SE] [CHU]

Sacha,
ça s'achète !
Sachez que
ce sachet
s'achète !

(répéter dix fois)

[SA] [CHE] [SI]
[CHA] [SE] [CHU]

Que ça
se sache :
six chasseurs
chassent sans
chaussettes !

(répéter dix fois)

[SA] [CHE] [SI]
[CHA] [SE] [CHU]

Ces six chaudes chaussettes sont pour ces chasseurs chastes !

(répéter dix fois)

[SA] [CHE] [SI]
[CHA] [SE] [CHU]

Michale,
le chien
mi-chat mi-chien
est bien pacha
mais n'est
pas chat.

(répéter dix fois)

[SA] [CHE] [SI]
[CHA] [SE] [CHU]

Les deux
moustaches
d'Eustache
se tachent
d'œufs.

(répéter dix fois)

[SA] [CHE] [SI]
[CHA] [SE] [CHU]

Sachez ,
Sacha,
chausser
ces
chaussettes.

(répéter dix fois)

[SA] [CHE] [SI]
[CHA] [SE] [CHU]

Sacha sachant chanter ce chant.

(répéter dix fois)

[SA] [CHE] [SI]
[CHA] [SE] [CHU]

L'échine
des beaux
chevaux
sauvages
de Chine.

(répéter dix fois)

[SA] [CHE] [SI]
[CHA] [SE] [CHU]

Les chaussettes
de Serge
sentent,
Serge chante :
« Ces chaussettes
sentent ! »

(répéter dix fois)

[SA] [CHE] [SI]
[CHA] [SE] [CHU]

Deux sous
dessus
deux choux,
deux choux
dessous
deux sous.

(répéter dix fois)

[SA] [CHE] [SI]
[CHA] [SE] [CHU]

Sans penser,
le perchiste
persiste
à placer sa
perche percée
sans se pencher.

(répéter dix fois)

[SA] [CHE] [SI]
[CHA] [SE] [CHU]

Son chaste chat sis sur sa chaire.

(répéter dix fois)

[SA] [CHE] [SI]
[CHA] [SE] [CHU]

Sache
que Sacha
le chat fait
ses achats
seul.

(répéter dix fois)

[SA] [CHE] [SI]
[CHA] [SE] [CHU]

La broche blesse et ébrèche la bosse.

(répéter dix fois)

[SA] [CHE] [SI]
[CHA] [SE] [CHU]

La flèche
s'abaisse
et embroche
la fesse.
La fesse s'affaisse
et fléchit la flèche.

(réciter le plus vite possible)

[SA] [CHE] [SI]
[CHA] [SE] [CHU]

Sans chance,
je chancelle.
Sans chance,
tu...

(à conjuguer à tous les temps)

[SA] [CHE] [SI]
[CHA] [SE] [CHU]

La Miss se sèche.

(répéter dix fois)

[SA] [CHE] [SI]
[CHA] [SE] [CHU]

Laisse la louche et lèche la mousse !

(répéter dix fois)

[SA] [CHE] [SI]
[CHA] [SE] [CHU]

La souche sèche.

Sèche la souche.

(répéter dix fois)

[SA] [CHE] [SI]
[CHA] [SE] [CHU]

Si Charles arrête
ces six charrettes,
ces six charrettes
s'arrêtent à Arles.

(retenir et répéter)

[SA] [CHE] [SI]
[CHA] [SE] [CHU]

Regarde
s'ils sont choux
ces chouchous !
Chez nous,
ce serait chouette !
Choisis en six cents.
Ces six cents chouchous
chez nous seront
super chouette !

(retenir et répéter)

[SA] [CHE] [SI]
[CHA] [SE] [CHU]

Chat sage, sage chien, singe sage.

(répéter dix fois)

[SA] [CHE] [SI]
[CHA] [SE] [CHU]

Un sorcier
chinois change
un chat
soucieux
en sushi.

(réciter le plus vite possible)

[SA] [CHE] [SI]
[CHA] [SE] [CHU]

Ces anchois sont son choix, ça m'enchante.

(répéter dix fois)

[SA] [CHE] [SI]
[CHA] [SE] [CHU]

Dix chips choquent dans six slips chic.

(répéter dix fois)

[SA] [SE] [SI] [SO] [SU]

Ces sangsues sucent, ça se sait. Sans sucer, ces sangsues sont sans succès.

(réciter le plus vite possible)

[SA] [SE] [SI] [SO] [SU]

Ces six sont censés saucer. Sans saucer, ces six sont sots.

(répéter dix fois)

[SA] [SE] [SI] [SO] [SU]

Ces six
cerises-ci
sont si grises
qu'on ne
sait si elles
en sont.

(répéter dix fois)

[SA] [SE] [SI] [SO] [SU]

Ce Perse dit :
« Je disperse
ces dix disques
percés et ces dix
Perses-ci seront
sciés. C'est dit ! »

(réciter le plus vite possible)

[SA] [SE] [SI] [SO] [SU]

Si ces six citrons givrés scient six cent six citrons ivres c'est que ces six citrons-ci sont aussi saouls que ces six cent six citrons gisant là !

(retenir et répéter)

[SA] [SE] [SI] [SO] [SU]

Six chats sis
sur six murs
pistent six souris
sous six lits
souriant
sans souci
de ces six chats.

(réciter le plus vite possible)

[SA] [SE] [SI] [SO] [SU]

Soyez soyeux,
soyons joyeux,
soyez souriants,
soyons soyeux,
soyez joyeux
et soyons
souriants.

(retenir et répéter)

[SA] [SE] [SI] [SO] [SU]

Si ça se sait,
ses six cents
six soucis
sont sus ?
C'est sot !

(répéter dix fois)

[SA] [SE] [SI] [SO] [SU]

Dans ce seau,
si ces cent
sucettes sont
cent sous...
Sans sou, ce
sot suce sans
sucette !

(réciter le plus vite possible)

[SA] [SE] [SI] [SO] [SU]

Cinq sacs de son
sous six sacs de
sciure sur sept
seaux de sel,
savez-vous
à quoi ça sert ?
À satisfaire
celui qui le sait...

(retenir et répéter)

[SA] [SE] [SI] [SO] [SU]

Six sapins peints, cinq pains saints, sept essaims sains.

(répéter dix fois)

[SA] [SE] [SI] [SO] [SU]

Hisse ces six scies et scie ceci ici.

(répéter dix fois)

[SEC] [SEP] [SETE] [SPEC]

Sept spectaculaires sectes de septuagénaires sectaires.

(répéter dix fois)

C'est laid... Laissez-les ! Décelez les laids sellés et laissez-les aller !

(réciter le plus vite possible)

[SEVE] [SELVE]

Sylvain vint
et s'il vit
Sylvie,
Sylvie vit
en vain
Sylvain.

(répéter dix fois)

[STA] [ISTE]

Le statisticien estime que les statuettes sont statistiquement statiques.

(réciter le plus vite possible)

[STA] [SA] [STRE] [SE]

Sans tresse et sans strass, la star stresse.

(répéter dix fois)

[TA] [PE] [TI [PE]

Le type tapi sur le p'tit tapis du p'tit tipi pue.

(répéter dix fois)

[TA] [PE] [TI [PE]

Tas de tapis
de poupons
pour pépés
et tas de tapis
tapés de poupées
pour papis.

(réciter le plus vite possible)

[TA] [TE] [TI] [TO] [TU]

Tes laitues
tu les tues !
Têtu,
l'es-tu ?

(répéter dix fois)

[TA] [TE] [TI] [TO] [TU]

Ta tata t'attend et ton tonton t'entend.

(répéter dix fois)

[TA] [TE] [TI] [TO] [TU]

Totaux

Ton temps têtu te tatoue.
T'as-ti tout tu de tes doutes ?
T'as-ti tout dû de tes dettes ?
T'as-ti tout dit de tes dates ?
T'a-t-on tant ôté ta teinte ?
T'a-t-on donc dompté ton ton ?
T'as-ti tâté tout téton ?
T'as-ti tenté tout tutu ?
T'es-ti tant ? T'es-ti titan ?
T'es-ti toi dans tes totaux ?
Tatata, tu tus ton tout.

Géo Norge
« Charabias »

(retenir et répéter)

[TRA] [TRE] [TRI]
[TRO] [TRU]

Tes trois truies triment trop.

(répéter dix fois)

[TRA] [TRE] [TRI] [TRO] [TRU]

La loutre outrée porte l'autre poutre.

(répéter dix fois)

[TRA] [TRE] [TRI]
[TRO] [TRU]

Tu te tritures
trop, tes trois
tortues
trottent.

(répéter dix fois)

[VA] [VE] [VI] [VO] [VU]

La vache vint
en vain à Vaux,
vêla et vingt
veaux
velus verts
vinrent.

(réciter le plus vite possible)

[ZAG] [ZIG]

Sur le zingue
du gai zigue,
le gaz
zigzague.

(répéter dix fois)

Retrouvez également :

ISBN : 2-87691-894-3
prix : 2,90€

ISBN : 2-87691-976-1
prix : 2,90€